ギターソロのための
クラシカル・クリスマス
～21のクリスマスの歌～

佐藤弘和 監修・編曲

改訂新版

Classical Christmas for Guitar solo
～ 21 Christmas Songs ～

Edited and arranged
by Hirokazu Sato

GG703

(株)現代ギター社

GENDAI GUITAR CO.,LTD.
1-16-14 Chihaya, Toshima-ku, Tokyo, Japan

序／Preface

　シューベルトの遺品にギターがあった、ウェーバーがギターを弾いて歌っていた、ジュリアーニがベートーヴェンの第7交響曲の初演の時にチェロ（?）で演奏に参加した……など、ギターやギターに関することがクラシック音楽の歴史の表舞台に少しでも登場すると嬉しいものです。もちろんだからと言って脚光を浴びる程のものでもないのは淋しいですが、われわれギターサイドからすれば間違いなく大変重要なトピックスです。〈きよしこの夜〉に関するエピソードもそのようなものでしょう。1818年に作られたこの曲の初演がギター伴奏だったというのですから。世界で最も歌われているであろうクリスマスソングの誕生にギターが関わっているのです！

　南オーストリアのオーベンドルフという町の教会では慣例で毎年新しいクリスマスの曲を発表することになっていました。でも、助祭のヨーゼフ・モールはその年（1818年）に起こった洪水の影響でオルガンの調子が悪くどうも上手くいかないのではと心配していました。そこで小学校教師でありその教会のオルガニストでもあったフランツ・グルーバーが一計を案じギター伴奏で二重唱をする形の曲を作ったのです。それが大変好評でクリスマスの礼拝は大成功、そして後にオルガンの修理士マウラッヒャーがこの曲にいたく感激して、チロル地方中の教会に広めて回った……そして今や全世界にこの〈きよしこの夜〉は広まっているわけです。

　ちなみに僕の持っている資料（雑誌の切り抜きです）では、クリスマスの日の朝4時にモールが詩を書き上げてグルーバーに届け、グルーバーは直ちに作曲して礼拝の30分前に持ってきた……と書かれていますが、それは本当なのでしょうか？ 真偽のほどは定かでなくても、そんな話にギターが絡んでいるとなると信用したくもなるし楽しい話になってしまいます。

　さて、そんなクリスマスに関する曲をいろいろ合わせて21曲集めてみたのが本曲集です。ソル、カルカッシ、バリオスのオリジナルが4曲、タレガとリョベートの編曲が2曲、僕のオリジナルが2曲、その他13曲が僕の編曲となります。目玉としては、ギタリスト故 芳志戸幹雄さんが編曲して一世を風靡した《聖母マリア頌歌集》を僕なりに易しくリニューアルしたもの、村治佳織さんのために編曲した〈讃美歌メドレー〉、そして、〈きよしこの夜〉のオリジナル・バージョン……でしょうか。

　いずれにしてもその他の曲も易しく弾けて楽しめる内容になっていると思います。クリスマスを迎えるアドヴェントの期間、家庭や親しい仲間同士でのクリスマスのパーティやイベントなどでどうぞお楽しみ下さい！

　最後に出版にあたりこの企画を快諾してくださった中里精一編集長をはじめ楽譜作成・校正などすべてに渡り担当してくださった渡辺弘文氏に感謝したいと思います。ありがとうございました。

2013年11月 佐藤弘和

編曲者プロフィール／ Profile

佐藤弘和 Hirokazu Sato

1966年青森県弘前市生まれ。14歳よりギターを、そしてほとんど同時期に作曲も独学で始める。ピアノを北岡敦子、波多江啓子、工藤勝衛各氏に師事。弘前大学教育学部音楽科卒業。作曲を島一夫に師事。

上京し、ギターを渡辺範彦に師事。1990年第21回新人賞選考演奏会（現クラシカルギターコンクール）で第2位入賞。同年、作曲で〈ピアノのためのロンド〉がPTNAヤングピアニスト・コンペティションF級課題曲に採用。〈F.タレガのラグリマによる変奏曲〉が、第1回ピアノデュオ作曲コンクールB部門入賞。

その後、ギターを永島志基に師事。'91年カンマーザール立川にてデビューリサイタルを行なう。この頃からギター作曲・編曲作品を「現代ギター」誌上に多数発表。

曲集として、『佐藤弘和作品集～秋のソナチネ』、『季節をめぐる12の歌』、『ギター四重奏のための 20歳の頃』、『G.フォーレ：ドリー（編曲）』、『昔の歌～ギターのための22章（編曲）』『カルカッシ：原典版ギターのための25のエチュードOp.60／6つのカプリスOp.26 （校訂）』、『風の間奏曲～48のやさしい小品集～』、『青空の向こうに（作曲・編曲）』、『音楽のエッセイ～ギターソロのための24の小品集』、『音楽の花束～マンドリンとギターのための曲集』などを現代ギター社より出版。小品〈素朴な歌（シンプル・ソング）〉がギタリスト小川和隆、福田進一、大沢正雄にCD録音されたのをはじめ、アマチュア諸氏に愛好される。

1998年ギタリスト村治佳織のCD『カヴァティーナ』に収録された〈マイ・フェイバリット・シングス〉〈コーリング・ユー〉のアレンジを手がける（共編B.スターク）。2006年NHKニューイヤーオペラの幕間で演奏されたフルート＆ギター（鈴木大介）のデュオ曲、2008＆09年NHK・FM『きままにクラシック』番組内で演奏されたアンサンブル曲のアレンジを手がける。村治佳織によるCD、2009年『ポートレイツ』、2010年『ソレイユ』、2011年『プレリュード』にアレンジ作品を多数提供、好評を得る。

また、2009年5月より自身の作品の回顧シリーズ『佐藤弘和ギター作品展』を通算6回（vol.1 合奏、vol.2 ソロⅠ、vol.3 デュオ、vol.4 他楽器とのアンサンブル、vol.5 ソロⅡ、vol.6 プロギタリストによる代表作演奏会）開催。2010年からはアンサンブルを中心としたコンサートシリーズを展開。

CDに『佐藤弘和作品集1～秋のソナチネ・素朴な歌』、『佐藤弘和作品集2～季節をめぐる12の歌』、DVD『佐藤弘和ギター合奏作品展』、楽譜その他に、『ベイビーズ・ソング1～3集』、『山と風と湖と』、『花曲』、『田園組曲』、『森の中へ青い花を探しに』など多数。

ギター曲作曲のモットーは「弾き易くわかり易くメロディックであること」。（文中敬称略）

2016年12月22日逝去。

目次／Contents

1. 聖母マリア頌歌集～芳志戸幹雄讃歌（賢王アルフォンソ10世～佐藤弘和) 6
   Las Cantigas de Santa Maria ～ Hommage á Mikio Hoshido ／ Alfonso El Sabio ～ Hirokazu Sato

2. アルカデルトのアヴェ・マリア（アルカデルト～佐藤弘和） 10
   Ave Maria ／ Jacques Arcadelt ～ Hirokazu Sato

3. カッチーニのアヴェ・マリア（カッチーニ／ヴァヴィロフ～佐藤弘和） 12
   Ave Maria ／ Giulio Caccini（Vladimir Vavilov）～ Hirokazu Sato

4. シューベルトのアヴェ・マリア（シューベルト～佐藤弘和） 14
   Ave Maria ／ Franz Peter Schubert ～ Hirokazu Sato

5. グノーのアヴェ・マリア（バッハ～グノー～タレガ） 16
   Ave Maria ／ Johann Sebastian Bach ～ Charles François Gounod ～ Francisco Tárrega

6. アドヴェントの歌（佐藤弘和） 19
   The Song of Advent ／ Hirokazu Sato

7. パストラーレ Op.13-5（ソル） 22
   Pastorale Op.13-5 ／ Fernando Sor

8. パストラーレ Op.32-3（ソル） 24
   Pastorale Op.32-3 ／ Fernando Sor

9. パストラーレ Op.21-16（カルカッシ） 26
   Pastorale Op.21-16 ／ Matteo Carcassi

10. パストラーレ～《クリスマス協奏曲》より（コレッリ～佐藤弘和） 27
    Pastorale ～ Concerto grosso No.8 'Christmas Concerto' ／ Arcangelo Corelli ～ Hirokazu Sato

11. 小さな羊飼い～《子供の領分》より（ドビュッシー～佐藤弘和） 30
    The Little Shepherd ～ Children's Corner ／ Claude Debussy ～ Hirokazu Sato

12. クリスマスの歌（バリオス） 32
    Villancico de Navidad ／ Agustín Barrios

13. 聖母の御子（カタルーニャ民謡～リョベート） 34
    El Noi de la Mare ／ Catalan Folksong ～ Miguel Llobet

14. クリスマスの歌（佐藤弘和） 35
    Christmas Song ／ Hirokazu Sato

15. きよしこの夜～1833年オリジナル・バージョン（グルーバー～佐藤弘和） 36
    Stille Nacht, Heilig Nacht ～ Original Version 1833 ／ Franz Gruber ～ Hirokazu Sato

16. きよしこの夜～通常バージョン（グルーバー～佐藤弘和） 37
    Stille Nacht, Heilig Nacht ／ Franz Gruber ～ Hirokazu Sato

17. クリスマス讃美歌メドレー～もろびとこぞりて～牧人羊を～ああベツレヘムよ（佐藤弘和 編） 38
    Christmas Carols Medley ～ Joy to the World ～ The first nowell ～ O little town of Bethlehem ／ Hirokazu Sato

18. ハレルヤ・コーラス～《メサイア》より（ヘンデル～佐藤弘和） 42
    Halleluja Chorus ／ Georg Friedrich Händel ～ Hirokazu Sato

19. 歓喜の歌～《交響曲第9番》より（ベートーヴェン～佐藤弘和） 44
    Ode an die Freude ／ Ludwig van Beethoven ～ Hirokazu Sato

20. 荒野の果てに（讃美歌～佐藤弘和） 47
    Les Anges dans nos Campagnes ／ Old Noël ～ Hirokazu Sato

21. オー・ホーリー・ナイト（アダン～佐藤弘和） 48
    O Holy Night ／ Adolphe-Charles Adam ～ Hirokazu Sato

   曲目解説（佐藤弘和） 50
   Explanation

Las Cantigas de Santa Maria
~ Hommage á Mikio Hoshido ~

聖母マリア頌歌集
~芳志戸幹雄讃歌~

Alfonso El Sabio
Arr. by Hirokazu Sato

Ave Maria
アルカデルトのアヴェ・マリア

Jacques Arcadelt
Arr.by Hirokazu Sato

★ capo 3 などでも
楽しめるでしょう！

Ave Maria

カッチーニのアヴェ・マリア

Giulio Caccini
(Vladimir Vavilov)
Arr.by Hirokazu Sato

Ave Maria

シューベルトのアヴェ・マリア

Franz Peter Schubert
Arr. by Hirokazu Sato

★ capo 1 などでも
　楽しめるでしょう！

※ 原曲は4分の4拍子6連符

Ave Maria

グノーのアヴェ・マリア

Johann Sebastian Bach
Charles François Gounod
Arr.by Francisco Tárrega

The Song of Advent
アドヴェントの歌

Hirokazu Sato

Pastorale Op.13-5

パストラーレ Op.13--5

fingered by Hirokazu Sato

Fernando Sor

Pastorale Op.32-3
パストラーレ Op.32--3

fingered by Hirokazu Sato

Andante pastrale

Fernando Sor

Pastorale Op.21-16
パストラーレ Op.21-16

fingered by Hirokazu Sato

Matteo Carcassi

Pastorale
~ Concerto grosso No.8 'Christmas Concerto' ~

パストラーレ
~《クリスマス協奏曲》より~

Arcangelo Corelli
Arr.by Hirokazu Sato

The Little Shepherd
~ Children's Corner ~

小さな羊飼い
~《子供の領分》より~

Claude Debussy
Arr.by Hirokazu Sato

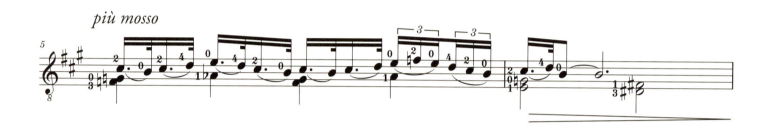

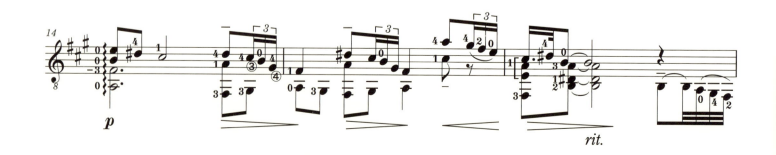

Villancico de Navidad
クリスマスの歌

Agustín Barrios

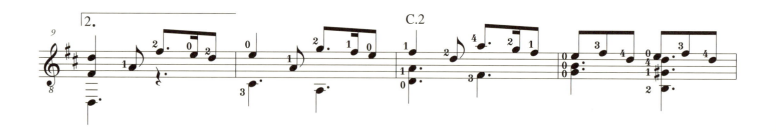

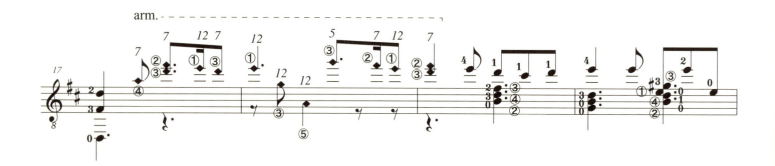

Christmas Song
クリスマスの歌
(2013年改訂版)

Hirokazu Sato

Stille Nacht, Heilig Nacht (Weihnachtslied)
~ Original Version 1833 ~

きよしこの夜
~ 1833年オリジナル・バージョン~

Franz Gruber
Arr. by Hirokazu Sato

Stille Nacht, Heilig Nacht
きよしこの夜
～通常バージョン～

Franz Gruber
Arr.by Hirokazu Sato

to Kaori Muraji

Christmas Carols Medley
~ Joy to the World / The first nowell / O little town of Bethlehem ~

クリスマス讃美歌メドレー
~もろびとこぞりて／牧人羊を／ああベツレヘムよ~

Arr.by Hirokazu Sato

Halleluja Chorus
~ Oratorio Messiah ~

ハレルヤ・コーラス
～オラトリオ《メサイア》より～

Georg Friedrich Händel
Arr.by Hirokazu Sato

Les Anges dans nos Campagnes
~ Gloria ~

荒野の果てに
~グローリア~

Old Noël
Arr.by Hirokazu Sato

O Holy Night

オー・ホーリー・ナイト

Adolphe-Charles Adam
Arr. by Hirokazu Sato

曲目解説／Explanation （佐藤弘和）

1. 聖母マリア頌歌集〜芳志戸幹雄讃歌

　13世紀のカスティーリャ王アルフォンソ10世が編纂した『聖母マリア頌歌集』より、数曲を選び効果的な編曲＆演奏を行なったギタリスト故 芳志戸幹雄(1947-96)を讃えたリニューアル版。芳志戸編はナルシソ・イエペスにも認められ演奏された名編曲で楽譜は残念ながら絶版ですが、幸いYouTubeで編曲者本人の演奏を聴くことが出来ます。ここでは多少配列を変え、全体的に易しく弾きやすいように編曲しました。

　実はこの楽譜、僕も持っていたのですが紛失してしまい、今回、ギタリストの坂場圭介氏より拝借しました。この曲に関しては、氏が『現代ギター』誌に連載されている「ギター音楽の歴史」第2回（2013年5月号掲載）に詳しいので参照してください。坂場氏に special thanks です！

2. アルカデルトのアヴェ・マリア

　ジャック・アルカデルト（1504/5?-68）は、ルネサンス期のフランドル楽派の作曲家とされますが、詳細については不明。この曲も後世の作曲家がアルカデルトの作品を元に捏造したものだとか。〈アルビノーニのアダージョ〉（20世紀の音楽学者レモ・ジャゾットの作品とされる）しかり、〈カッチーニのアヴェマリア〉しかり、古い作品には曰く付きのものがなぜか多い……。

3. カッチーニのアヴェ・マリア

　近年まで、イタリア初期バロックの作曲家ジュリオ・カッチーニ（1545頃-1618）の作品とされ親しまれていましたが、現在では20世紀ロシアのリュート奏者ウラディーミル・ヴァヴィロフ（1925-73）の作品と判明しています。何となく夢を壊されたようで複雑ですが「カッチーニの」という接頭語は後世まで残るのではないでしょうか。

4. シューベルトのアヴェ・マリア

　こちらはれっきとしたフランツ・シューベルト（1797-1828）の作品で、歌詞中に「アヴェ・マリア」と出てくるところから宗教曲と勘違いされますが、正確にはウォルター・スコットの詩による〈エレンの歌第3番〉という曲です。原曲の4分の4拍子・6連符の書き方を、煩雑さを避けるために16分の24拍子で書いています。

5. グノーのアヴェ・マリア

　原曲は、ヨハン・セバスチャン・バッハ（1685-1750）の〈平均律クラヴィア曲集：第1巻・第1番ハ長調〉のプレリュードに、シャルル・グノー（1818-93）が歌のメロディーを付けたもので「アヴェマリア」の代表と言っていいくらい有名になっています。ギターではフランシスコ・タレガ（1852-1909）による独奏用の編曲が有名ですので、本曲集には、こちらを収録しました。

6. アドヴェントの歌（佐藤弘和）

　アドヴェント＝待降節（降誕節）はクリスマスを迎える約1ヵ月を指します。キリスト教徒にとってはクリスマスを迎えるにあたって、1年の我が身を反省し、神の前で懺悔する時でもあるようです。クリスマスを心待ちにする……そんな気分を持った曲です。

7 & 8. パストラーレ（ソル）

　ベートーヴェンの〈第6交響曲「田園」〉がパストラーレと呼ばれるように、「パストラーレ」は田園風・牧歌的な音楽・羊飼いの歌を指します。キリストの誕生の知らせを最初に聞いたのが羊飼いたちであるという言い伝えからパストラーレがクリスマスをイメージさせる曲として定着しているのです。我らがフェルナンド・ソル（1778-1839）の作品中には、このパストラーレが2曲あります（ホ長調Op.13-5、二長調Op.32-3）。どちらも8分の6拍子、ゆったりと穏やか、音楽性豊かなさすがソルの作品です。

　Op.13-5の43小節3拍裏の「ミ」の音には「♯」が付いていませんが、「♯」を付けた方が自然に聴こえるでしょう。

9. パストラーレ（カルカッシ）

　教則本と《25のエチュード》で有名なマテオ・カルカッシ（1792-1853）にも小品ながら愛すべきパストラーレがあります。こちらは初心者でも弾ける簡素さです。

10. パストラーレ〜《クリスマス協奏曲》より（コレッリ）

　アルカンジェロ・コレッリ（1653-1713）の《合奏協奏曲Op.6-8「クリスマス協奏曲」》の終楽章パストラーレをフルサイズで易しく編曲しました。

11. 小さな羊飼い〜《子供の領分》より（ドビュッシー）

　クロード・ドビュッシー（1862-1918）のピアノ組曲《子供の領分》の第5曲。要所要所に出てくる単旋律が羊飼いの笛の音を表わしています。パストラーレが羊飼いをイメージさせるだけなのに対して、ドビュッシーは印象派的に羊飼い自身をクローズアップして表現しています。本曲集の中では

ちょっと難しい編曲になったかもしれません。

12. クリスマスの歌（バリオス）

ギターでクリスマスと言えばまず浮かぶのがアグスティン・バリオス（1885-1944）のこの曲でしょう。タイトルの原題には「ビリャンシーコ」とありますが、これはスペイン語でのクリスマスの歌を意味します。ニ長調で8分の6拍子と雰囲気的にはパストラーレと重なります。やはりクリスマスには共通の印象があるのですね。

13. 聖母の御子（カタルーニャ民謡～リョベート）

もう1曲、ギターのクリスマス・ソングと言えばこの曲。キリスト誕生を祝うカタルーニャ地方のクリスマスの歌です。ミゲル・リョベート（1878-1938）の編曲したカタルーニャ民謡集には〈凍れる12月〉という、もう1つのクリスマスの歌があります。

ちなみに、4小節3拍目の「ソ」の音は、和声的に考えても「♯」が付くのが妥当と思われます。

14. クリスマスの歌（佐藤弘和）

本曲集唯一の僕（1966-）のオリジナル曲です。作品集『季節をめぐる12の歌』に収録されていますが、この機会に若干の修正を加えて改訂版としました。

15 & 16. きよしこの夜（グルーバー）

序文にも書きましたが、幸運にもこの曲の誕生にはギターが関わっています。歌を歌うときの気軽な伴奏楽器と考えればそれもごく自然なことかもしれませんね。

フランツ・グルーバー（1787-1863）による1818年作曲時の自筆譜は失われたようで、それは想像するしかありませんが、1833年に求めに応じて書かれたというアンサンブル編曲の貴重な自筆譜が残っています。その楽譜は上段から、ホルン、第1＆第2ヴァイオリン、チェロ、ソプラノ＆アルト、テノール＆バス、オルガンという編成になっています。

メロディーが現在歌われているものと少し違っているのは、歌い継がれていくうちに歌いやすいように変わったもので、グルーバー作曲でありながら、この曲はもはや民謡になったのだなぁと思います。ここではこの1833年のオリジナル版に基づく編曲と、現在普通に歌われているメロディーによる編曲を合わせて収録しました。

17. クリスマス讃美歌メドレー

ずいぶん前の編曲ですが、村治佳織さんのために編曲したもので、クリスマスの時期のコンサート用です。そんなこともあって他の編曲よりも多少難しめになっています。村治佳織さんは他に僕の編曲した〈ホワイト・クリスマス〉も演奏してくれています。

18. ハレルヤ・コーラス～《メサイヤ》より（ヘンデル）

年末と言えば、次の《第九》かこの《メサイア》。ゲオルグ・フリードリッヒ・ヘンデル（1685-1759）の代表作と言っていいでしょう。特に〈ハレルヤ〉は荘厳かつ華麗でキリストを讃えるには申し分のない名作です。ここではフルバージョンではなくダイジェスト版としました。繋がりがおかしいかもしれませんが、ご了承下さい！

19. 歓喜の歌～《交響曲第9番》より（ベートーヴェン）

ルードヴィヒ・ヴァン・ベートーヴェン（1770-1827）の最高傑作《第九》です。編曲は第4楽章〈歓喜の歌〉の主要テーマ部、マーチ風に変奏された部分、最終コーダ部分の3つの部分をメドレーで繋げました。易しく第九のエッセンスを楽しめる編曲になったと思います。

20. 荒野の果てに

短い讃美歌を1曲。〈グローリア〉と呼ばれて親しまれているものです。フランスのクリスマスの歌は「ノエル」ですが、この曲を編曲している最中に、ピョートル・チャイコフスキー（1840-93）の《子供のためのアルバム Op.39》に含まれる〈古いフランスの歌〉のメロディーがノエルだという情報を得て（定かではありませんが……）、中間部にミックスさせて編曲してみました。イントロのハーモニックスは鐘（カリヨン）のイメージです。

21. オー・ホーリー・ナイト（アダン）

クリスマス・ソングとして近年徐々に人気の高まっている曲ではないでしょうか？ 原曲は、バレエ音楽《ジゼル》で有名なアドルフ・アダン（1803-56）の〈クリスマスの歌〉という曲で、英題では〈オー・ホーリー・ナイト〉、邦題では〈さやかに星はきらめき〉として親しまれています。ギター用にアルペジオを活かして華やかに編曲してみました。最後の「アーメン」は祈りを込めるように丁寧に弾いてください！

ギターソロのための
クラシカル・クリスマス
〜21のクリスマスの歌〜
改訂新版

佐藤弘和 監修・編曲

GG703

定価 2,200 円
[本体 2,000 円＋税 10%]

Classical Christmas for Guitar solo
〜 21 Christmas Songs 〜
Edited and arranged
by Hirokazu Sato

2013 年 11 月 10 日初版発行　　2024 年 9 月 1 日改訂初版発行

発行元 ● 株式会社 現代ギター社
〒 171-0044 東京都豊島区千早 1-16-14
TEL03-3530-5423　FAX03-3530-5405　https://www.gendaiguitar.com/
無断転載を禁ず　日本音楽著作権協会（出）許諾 2405449-401 号

印刷・製本 ● シナノ印刷 株式会社
楽譜浄書 ● オフィス・ノリフク、クラフトーン
カバー・装丁 ● マンサーナ
コード番号 ● ISBN 978-4-87471-703-5　C3073 ￥2000E

© Gendai Guitar Co., Ltd.
1-16-14 Chihaya, Toshima-ku, Tokyo 171-0044, JAPAN
1st edition : November 10th, 2013　　1st redition : September 1st, 2024
Printed in Japan

楽譜や歌詞・音楽書などの出版物を権利者に無断で複製（コピー）することは、著作権の侵害（私的利用など特別な場合を除く）にあたり、著作権法により罰せられます。
また、出版物からの不法なコピーが行なわれますと、出版社は正常な出版活動が困難となり、ついには皆様方が必要とされるものも出版できなくなります。
音楽出版社と日本音楽著作権協会（JASRAC）は、著作者の権利を守り、なおいっそう優れた作品の出版普及に全力をあげて努力してまいります。どうか不法コピーの防止に、皆様方のご協力をお願い申し上げます。

(株) 現代ギター社
(社) 日本音楽著作権協会